AF312919

COMMENT ON PEUT APPRENDRE A PARLER

A UN JEUNE

SEMI-IDIOT

NON SOURD

MUET DE NAISSANCE

PAR

AUGUSTE BOYER

PROFESSEUR AGRÉGÉ A L'INSTITUTION NATIONALE DES SOURDS-MUETS DE PARIS

PARIS

GEORGES CARRÉ et C. NAUD, ÉDITEURS

3, RUE RACINE, 3

1896

COMMENT ON PEUT APPRENDRE A PARLER

A UN JEUNE

SEMI-IDIOT

NON SOURD

MUET DE NAISSANCE

OUVRAGES DU MÊME AUTEUR

Réduction des lettres à leurs éléments primitifs et Art d'enseigner à parler aux muets, par Juan-Pablo Bonet, Madrid, 1620. (Premier traité publié sur l'art d'instruire les sourds-muets.) *Traduit de l'espagnol* en collaboration avec M. E. Bassouls, avec une préface de M. A. Dubranle, Censeur des études à l'Institution nationale des sourds-muets de Paris. Volume in-8°. LIV-163 pages, Paris, 1891.

De la mue de la voix chez le jeune sourd-parlant. (Thèse pour l'agrégation de l'enseignement des sourds-muets.) In-8°, III-32 pages, Paris, Carré, éditeur, 1893. *En cours de traduction* par M. Sbrocca, directeur de l'Institution des sourds-muets d'Alexandrie (Italie).

De la préparation des organes de la parole chez le jeune sourd-muet. (De l'énergie et de la vitesse des mouvements de la langue et des lèvres. Glosso-dynamomètre. Étude graphique de la respiration du jeune sourd-muet. Expériences de M. le D' Féré, médecin de Bicêtre.) Avec figures dans le texte. In-8°, IV-32 pages. Paris, G. Carré, éditeur, 1894. *Traduit en italien* par M. Scuri, directeur de l'Institution royale des sourds-muets de Naples. Pavie, imp. Marelli, 1895.

M. Théophile Denis. (Son rôle dans la généralisation en France de l'enseignement de la parole aux jeunes sourds-muets et dans la fondation du Musée universel des sourds-muets de Paris.) Notice biographique avec portrait hors texte. In-8°, 8 pages. Naples, imp. Pietrocola, 1896.

En préparation :

Comment on apprend à entendre aux jeunes sourds-muets chez lesquels subsiste quelque sensibilité auditive. (Notions préliminaires : physique du son et théorie du sens de l'audition. Essais d'éducation *fonctionnelle* de l'ouïe tentés avec de jeunes sourds-muets par Itard et ses successeurs. Méthode à suivre dans l'éducation fonctionnelle de l'ouïe chez les jeunes sourds-muets incomplètement sourds. Bibliographie internationale des ouvrages publiés sur cette matière.)

COMMENT ON PEUT APPRENDRE A PARLER

A UN JEUNE

SEMI-IDIOT

NON SOURD

MUET DE NAISSANCE

PAR

AUGUSTE BOYER

PROFESSEUR AGRÉGÉ A L'INSTITUTION NATIONALE DES SOURDS-MUETS DE PARIS

PARIS

GEORGES CARRÉ et C. NAUD, ÉDITEURS

3, RUE RACINE, 3

—

1896

A

M. ALEXANDRE DEBAX

Préfet honoraire
Directeur de l'Institution nationale des sourds-muets de Paris

———

Pour tout l'intérêt que vous avez bien voulu montrer pour le cas d'éducation spéciale dont il est ici rendu compte, permettez-moi de vous dédier le présent travail.

Votre dévoué et respectueux,

A. BOYER.

NOTE DE L'AUTEUR

Les méthodes d'enseignement intellectuel et de démutisation employées avec les jeunes sourds-muets reposent tout entières sur les connaissances psychologiques et physiologiques relatives au développement de la pensée et au mécanisme de la parole. A ce titre ces méthodes conviennent également à l'instruction des enfants doués de l'ouïe chez lesquels, par raison d'*insuffisance cérébrale*, l'intelligence se trouve plus ou moins retardée ou qui, pis encore, pour la même cause, n'ont pu parvenir à parler.

C'est précisément d'un cas d'éducation de ce genre, de l'instruction par les méthodes ci-dessus désignées d'un jeune entendant semi-idiot muet de naissance, dont nous venons rendre compte dans la présente étude, laquelle se divise en les articles suivants : *D'un jeune entendant, muet par semi-idiotie, donné comme sourd-muet. — Examen de l'état physique et intellectuel du jeune D... — Méthode suivie avec le jeune D... pour lui apprendre à parler et pour provoquer autant que possible le développement de son intelligence. — Résultats obtenus. — Conclusions.*

COMMENT ON PEUT APPRENDRE A PARLER

A UN JEUNE

SEMI-IDIOT

NON SOURD

MUET DE NAISSANCE

En janvier 1894, entrait dans notre classe le jeune D...,
alors âgé de dix ans, enfant dont l'extérieur dénotait *immédiatement* ce que l'on nomme couramment aujourd'hui un
arriéré.

D'après les renseignements fournis par les parents, le jeune
D... était sourd-muet et avait acquis cette infirmité à l'âge de
deux ans, à la suite de convulsions ; toujours suivant ses
parents, il n'avait même pas fait usage de la parole avant cette
maladie, et on pouvait le considérer comme n'ayant pour ainsi
dire jamais parlé.

Or, dès les premiers instants de la présence de cet élève
dans notre classe, nous pûmes nous convaincre que s'il ne parlait pas, en revanche, il était doué d'un degré d'ouïe *tout
à fait voisin de l'ouïe normale.* En effet, soumis à quelques
expériences, cet enfant nous montra bientôt qu'il était capable
de percevoir des bruits assez faibles ; bien mieux, il entendait
et paraissait comprendre un certain nombre de paroles *simples*.
Toutefois, il ne donnait de marques plus ou moins certaines
d'audition et surtout de *compréhension* que par des réponses
formulées à l'aide de gestes ou de sons le plus souvent inintelligibles.

D... était donc bien *muet,* mais il n'était pas sourd. De quelle cause provenait alors le mutisme, puisque ce n'était pas de la privation de l'ouïe?

**

Il nous fut bientôt facile de répondre à cette question.

L'examen de l'*état physique et intellectuel* de cet enfant nous eut bientôt renseigné à ce sujet. *D... était un semi-idiot.*

D... était également défectueux au double point de vue physique et intellectuel.

L'état physique présentait de nombreuses anomalies : la tête plutôt grosse, les lèvres épaisses, la bouche béante laissant écouler la salive, la dentition des plus vilaines. Sous le rapport de la vue, D... louchait et était affligé de plus d'une myopie assez prononcée. Sa physionomie n'exprimant pour ainsi dire aucun sentiment, son air hébété ainsi que son mutisme faisaient penser à ce vieux proverbe : « C'est pour manger, pas pour parler, que Dieu a donné une bouche aux bêtes. »

D'une démarche peu assurée, rendue plus hésitante encore par sa myopie, craintif à l'excès et se refusant à exécuter toute action exigeant la moindre virilité, cet enfant avait encore toutes les négligences des idiots, ne se mouchant que lorsqu'on l'y invitait, laissant échapper en classe — à dix ans — et quelquefois dehors au cours des promenades scolaires, ce que Molière appelle « le superflu de la boisson », et pis encore!

Chez D..., les opérations de l'intelligence se trouvaient concentrées, limitées dans le cercle des besoins physiques et des amusements de l'enfance. Il ne comprenait guère que les paroles qu'on lui adressait pour le gronder, le flatter, l'encourager ou lui ordonner quelque action *bien simple*.

Bien que jouissant d'une ouïe presque ordinaire, D... ne semblait pas entendre les paroles échangées autour de lui et qui ne s'adressaient pas à lui *directement;* il ne jouissait pas de ce que l'on appelle l'*audition indirecte* (1), et ceci par la raison

(1) L'*audition indirecte* nous permet de saisir distinctement non-seulement ce qu'on nous dit à nous-même, mais encore ce que se disent entre elles les personnes qui sont près de nous.

de l'espèce de léthargie dans laquelle étaient plongés à la fois son cerveau et sa faculté auditive.

Comme nous l'avons dit, D... ne s'exprimait que par des sons inintelligibles et employait un langage d'action composé de gestes naturels.

Il est à noter qu'avant son entrée à l'Institution nationale des sourds-muets de Paris, cet enfant avait fréquenté une école ordinaire, dans sa ville natale, sans avoir pu même apprendre à tracer les caractères alphabétiques ni à copier les dessins les plus élémentaires.

*
* *

La cause initiale du *mutisme* et du retard de l'intelligence de D... était certainement une lésion cérébrale. L'esprit de ce sujet avait dû être lésé dès l'enfance dans quelques-unes de ses fonctions, telles que l'*attention* et la *mémoire*, ce qui avait eu sans doute pour conséquence de mettre obstacle au développement de la *faculté d'imitation*.

Or, comme l'a écrit un éminent physiologiste (1), la parole n'étant qu'un art d'imitation et sa production exigeant un acte intellectuel, — qui par l'habitude finit par s'accomplir inconsciemment, — il était tout naturel que privé, du moins en grande partie, de la faculté imitative, D... se trouvât dans l'incapacité d'acquérir l'usage du langage articulé, quoique doué d'un organe de l'ouïe pour ainsi dire normal.

(1) BÉCLARD, *Physiologie*, Paris, 1874 : « La parole est la voix *articulée*. La voix est formée dans le larynx par les cordes vocales, aussi bien chez les mammifères que chez l'homme, *mais elle n'est articulée que chez lui*. Les organes de l'articulation, situés le long du tuyau vocal, c'est-à-dire le pharynx, les fosses nasales, le voile du palais, la langue, les joues, les dents et les lèvres, existent pourtant chez les mammifères aussi bien que chez l'homme. *Ici intervient donc chez ce dernier un acte intellectuel.* Les idiots et les crétins ne poussent souvent que des cris *inarticulés*, quoique le son produit dans le larynx traverse aussi le tuyau vocal. Les sourds-muets ont aussi un larynx et un tuyau vocal régulièrement conformés, et pourtant (à moins d'une éducation spéciale) ils ne produisent que des sons ou des cris.

« Les modifications que l'homme doit imprimer au tuyau vocal pour *transformer* la voix ou le son *en paroles* sont donc des mouvements *volontaires*, que l'imitation, secondée par le *sens de l'ouïe* et par l'*intelligence*, lui apprend à reproduire. »

Dès la prime enfance, la mémoire devait être inhabile chez D... à recevoir et à conserver un genre d'impressions aussi *délicates que les impressions acoustiques produites par la parole*, et par suite la faculté d'imitation, peu ou point développée, devait fatalement être impuissante à provoquer chez les organes vocaux la répétition des mouvements si délicats, si subtils qui, en modifiant le tuyau vocal, *transforment* la voix en paroles. A cela il convient d'ajouter le manque de flexibilité des organes, conséquence de l'état de dégénérescence dont était également affligé D... au point de vue physique.

D... fut ainsi privé de la parole, du puissant moyen de développement mental que constitue l'exercice de cette fonction, ce qui ne put qu'aggraver le retard de son esprit si manifeste à son entrée à l'Institution nationale de Paris.

** * **

Méthode d'éducation suivie avec le jeune D... pour lui apprendre à parler et pour provoquer autant que possible le développement de son intelligence.

Le jeune D... n'était cependant pas un idiot complet; il donnait des marques, quoique faibles, de compréhension des choses et des faits les plus simples.

Bien que muet, il n'était donc pas de ces idiots qui ne parlent pas parce que, n'ayant aucune idée, ils n'ont rien à exprimer. Son mutisme provenait plutôt de ce que son insuffisance cérébrale ne lui avait pas permis d'apprendre à parler *tout seul.*

Avait-il néanmoins assez d'intelligence pour que, aidé d'un instituteur spécial et d'une méthode didactique, il apprît à se servir de l'ouïe qu'il possédait, à articuler, et qu'il comprît, retînt et employât les mots du langage courant? Tel est le problème que l'on se posa et dont on décida de tenter la solution en conservant cet enfant à l'Institution nationale des sourds-muets de Paris.

L'expérience nous permet de répondre aujourd'hui d'une manière affirmative à cette question. Mais avant d'indiquer les résultats obtenus au point de vue de la fonction verbale et du développement intellectuel, nous allons d'abord esquisser la *méthode* que nous avons suivie dans la démutisation et dans l'instruction de cet enfant.

L'éducation à donner à D... devait nécessairement être appropriée aux conditions particulières dans lesquelles il se trouvait placé par son mutisme tout autant que par la lésion intellectuelle qui produisait et entretenait cette infirmité.

Nous avons entrepris simultanément le traitement *pédago-gique* du mutisme et de ce que nous appellerons le retard intellectuel.

D... a été soumis, comme les jeunes sourds-muets de la classe dans laquelle il a été versé, aux exercices *prépara-toires* (1) qui ont, entre autres buts, celui de discipliner l'*atten-tion visuelle* et celui d'exercer les facultés d'observation et d'imitation.

Les essais auxquels nous eûmes recours pour juger de l'aptitude du jeune D... à saisir et à imiter *des actions très simples* furent assez encourageants. Ils nous assurèrent que cet enfant, quoique bien arriéré, ne manquait cependant pas d'une intelligence quelque peu étendue et flexible.

Après quelques soins particuliers destinés à rendre le sens du toucher plus subtil, nous eûmes également recours à certains exercices préparatoires destinés à faire entrer en fonction l'organe de l'ouïe, à développer l'*attention auditive*.

---

(1) La série de ces exercices *préparatoires* consiste en une imitation des mouvements du corps, des différentes attitudes et des divers jeux de la physionomie, et en une imitation des mouvements et des positions des organes vocaux. Exécutés par le professeur et reproduits presque simultanément par l'enfant, ces mouvements, après avoir mis en action presque toutes les parties du corps, finissent par se localiser dans les organes de la voix. Les procédés employés dans le *Cours préparatoire* de l'instruction des sourds-muets, ainsi que dans l'enseignement de la parole articulée, sont professés à l'Institution nationale de Paris, dans des *Cours normaux* dont le titulaire est M. A. Dubranle, Censeur des études.

Les procédés en question sont également décrits dans un intéressant ouvrage publié en 1890 par M. le professeur Goguillot : *Comment on fait parler les sourds-muets.*

Pour apprendre à parler, il faut *savoir écouter*. Comme on le sait, l'action des sens est pour ainsi dire nulle, dans la plupart des cas, sans le concours de l'*attention*. C'est ainsi qu'ayant l'esprit préoccupé, il nous arrive de passer devant un objet *sans le voir*, de rester insensible aux appels d'une personne voisine de nous. Eh bien! c'était surtout cette attention *auditive* qui faisait défaut en grande partie chez notre jeune D... Son ouïe, quoique presque normale, plongée dans une sorte de torpeur et privée du concours de l'intellect, ne fonctionnait que dans une faible mesure.

Nous nous efforçâmes donc d'exercer la sensibilité auditive par l'action de corps sonores et de la voix en variant la distance, la direction et l'intensité des sons. Un sifflet, une sonnette, un diapason... servirent d'abord à nos exercices; puis la voix entra en jeu : voix plus ou moins forte, élevée, voix chuchotée.

Après avoir obtenu d'assez bons résultats au point de vue de l'exercice de l'attention visuelle et de la faculté imitative, ainsi que de l'attention auditive, le *mutisme* persistant, nous ne pouvions plus en accuser l'attention, la mémoire, ni la compréhension; il fallut en chercher la cause dans l'absence d'*éducation* des organes qui concourent à la production de la parole, éducation qui se fait d'une manière naturelle et progressive chez le tout jeune enfant normalement doué et qui avait précisément fait défaut chez notre jeune D..., par suite de son insuffisance cérébrale.

Nous dûmes lui enseigner la *prononciation* comme un art d'imitation, absolument comme on le pratique avec les jeunes sourds-muets.

Comptant sur le précieux concours de l'oreille, nous espérâmes d'abord arriver à un résultat facile et prompt, mais nous fûmes arrêté dès le début par un obstacle imprévu, c'est-à-dire par une excessive faiblesse musculaire des organes de l'articulation (langue, lèvres...) (1). Avec cet enfant, la *pré-*

(1) Nous avons déjà dit que D... était également défectueux au double point de vue intellectuel et physique.

paration des organes de la parole fut encore d'une plus grande nécessité qu'avec maint de nos élèves sourds-muets, et nous dûmes insister davantage sur les exercices de la gymnastique labiale et linguale (1), ainsi que sur l'éducation de la respiration.

Enfin, nous pûmes aborder l'enseignement de l'articulation.

Par suite du peu de développement de l'instinct de l'imitation, de la faiblesse musculaire et de l'inhabileté des organes vocaux, et aussi du peu de finesse de l'ouïe mal exercée jusque-là, nous dûmes avoir recours à des répétitions vocales réitérées des sons à imiter. Nous fûmes même dans l'obligation d'utiliser le secours du sens de la vue (2).

En même temps qu'il percevait par l'*ouïe* le son à imiter, D..., en effet, examinait sur notre bouche la position que prenaient les lèvres et la langue, ainsi que les mouvements qu'exécutaient ces organes pour la prononciation de ce son.

Pour donner une idée du peu d'habileté et de la faiblesse des organes du jeune D..., nous dirons que, pour l'émission de la voyelle *ou*, cet enfant dut au début s'aider de ses doigts pour faire prendre à ses lèvres la forme arrondie qui caractérise cette voyelle.

Pour la plupart des sons-consonnes, il fallut le placer devant un miroir pour qu'il exerçât sa langue et ses lèvres à la reproduction des mouvements qu'exigeaient ces articulations.

L'articulation *g̃n̄* lui coûta particulièrement de la peine; durant une quinzaine de jours il dut maintenir avec un doigt sa langue dans la position requise pour ce son; dès qu'il retirait le doigt, la langue quittait la position voulue, et D... ne savait plus articuler le *g̃n̄*.

Enfin, grâce à de nombreuses répétitions, à de multiples exercices de syllabation et aussi à l'usage fréquent de la parole

---

(1) Voir à ce sujet A. Boyer : *De la préparation des organes de la parole chez le jeune sourd-muet*, 1891, lib. G. Carré, Paris.

(2) On sait que c'est par la *vue* et le *toucher* que les sourds-muets suppléent à l'absence de l'ouïe pour apprendre à parler.

auquel le disposait son ouïe, D... parvint à acquérir une prononciation correcte.

Nous indiquerons maintenant d'une façon sommaire la
marche suivie dans l'*instruction* du jeune D..., c'est-à-dire
dans l'enseignement du *langage,* ainsi que dans l'acquisition
des connaissances élémentaires, telles que la lecture, l'écriture, le calcul, etc.

En ce qui concerne le langage, il ne s'agissait pas de la *grammaire,* c'est-à-dire des règles qui en régissent l'usage, mais bien
de l'*acquisition* même des mots, des formules, des phrases qui
nous servent à exprimer nos besoins et nos sentiments.

Notre jeune D..., de même que les jeunes sourds-muets qui
nous arrivent annuellement, n'avait pour ainsi dire aucun
langage, ne possédait aucun moyen pour communiquer avec
la société, pas plus par les signes (hors quelques gestes des
plus naturels) que par l'écriture ou par la parole. Il ignorait le
nom des choses les plus usuelles et ne connaissait aucune des
expressions, des petites phrases qu'emploient à chaque instant
les tout jeunes enfants pour énoncer leurs besoins et leurs
sensations. En un mot, D... n'avait aucun vocabulaire à sa
disposition.

C'était donc le vocabulaire, le langage courant, usuel, qu'il
s'agissait avant tout d'enseigner à notre jeune élève, de même
qu'en ce qui concerne les jeunes sourds-muets à leur entrée à
l'école.

Ici encore D... a participé d'une manière exclusive à l'enseignement donné aux jeunes sourds-muets de sa classe.
L'instruction des sourds-muets se faisant à l'Institution nationale de Paris au moyen de la *méthode orale,* D... n'avait donc
pas à souffrir de se trouver assimilé à des enfants privés de
l'ouïe.

Le système d'enseignement du langage employé avec les
sourds-muets, *intuitif* au premier chef, est absolument conforme à la méthode *pratique, expérimentale, maternelle.* Cet
enseignement procède exclusivement de l'intuition des faits,

de l'usage et de l'analogie. On y associe directement, d'une manière constante, la parole ou l'écriture aux faits produits sous les yeux des élèves, soit à l'école, soit hors de l'école : faits *présents* que l'élève voit s'exécuter, faits *passés* dont il a un souvenir bien exact, ou faits *futurs* dont il a bien la notion.

« Au lieu de faire de la théorie et d'expliquer les mots par d'autres mots, on fait habituellement de la pratique, on explique les mots par les idées qu'on a soin de faire éclore ou de réveiller à l'aide de faits convenablement mis en scène.

« Au lieu d'analyser les mots au point de vue grammatical, travail entièrement stérile, on analyse les faits par les mots et la valeur des propositions et des phrases par des questions multipliées portant d'abord sur les idées formellement exprimées, puis sur les idées qui sont sous-entendues, enfin sur celles qui découlent nécessairement des faits énoncés.

« De ces exercices naissent la narration écrite et parlée, ainsi que la connaissance *pratique* des lois de la grammaire et de l'orthographe (1). »

Comme on peut en juger, un pareil enseignement était bien celui qui était le plus susceptible de mettre en activité les facultés obtuses de l'esprit du jeune D...

Déjà, au cours de la démutisation, dès la *période préparatoire* dont nous avons parlé, l'œil de cet enfant avait été exercé à se fixer, son esprit à observer, à s'appliquer à reproduire, à comparer et à se rappeler les positions et les mouvements des organes de la parole. Les facultés de l'attention, de l'observation et de l'imitation avaient été ainsi exercées, et l'on pouvait espérer que la faculté de la réflexion pourrait entrer en jeu à son tour avec l'acquisition du langage.

Le premier enseignement du langage, oral et écrit, est pratiqué dans nos classes de sourds-muets en suivant la progression suivante : 1° enseignement de *substantifs* correspondant à des personnes, à des animaux, à des objets connus de l'enfant. C'est ainsi que l'élève apprend son nom, celui de son

_____

(1) J.-J. VALADE GABEL.

maître et de ses camarades, les noms des parties de son corps, de ses vêtements, des instruments qui tombent ordinairement sous ses sens et dont il fait dans la vie un usage journalier, des aliments et des boissons. Viennent ensuite les choses qui, hors de l'école, lui sont le plus familières et le plus sensibles, et dont on fait passer sous ses yeux soit la réalité, soit la reproduction.

2° Au cours de l'enseignement de ces substantifs on fait connaître à l'élève les formules les plus usitées pour exprimer les besoins journaliers et les sensations les plus vives, de petites formules de politesse :

Bonjour, monsieur.
Bonjour, madame.
J'ai faim.
J'ai soif.
Permettez-moi de sortir, s'il vous plaît.
Je n'ai pas de cravate, donnez-moi une cravate, s'il vous plaît.
Je vous remercie.
J'ai froid.
J'ai mal à la tête.

Ces petites propositions enseignées à l'enfant *en présence* du fait, de l'action, au moment où l'enfant éprouve un besoin ou une sensation quelconques (1), sont aisément comprises et assez vite retenues par lui.

3° Des adjectifs de couleurs, de formes, de dimensions, de qualités physiques et morales, lui sont enseignés au moyen d'objets présentant les qualités exprimées par ces adjectifs.

4° Les verbes, en premier lieu ceux qui marquent l'action,

(1) « Le maître, a dit un éducateur éminent, doit *seul* tenir lieu au sourd-muet (de même qu'à l'enfant semi-idiot privé de la parole et du langage) de la société tout entière qui se charge de donner aux tout jeunes entendants le premier vocabulaire, élément de toute science; l'école doit suppléer ici au champ vaste et varié des choses et des faits dans lequel nous avons appris ce langage, et les heures de l'éducation doivent remplacer cet incessant et multiple exercice qui nous en rend l'acquisition si facile et l'usage si familier. » Abbé TARRA, *Cenni storici.*

le mouvement (marcher, sauter, courir), *présentés au moment du fait*, sont également saisis avec facilité. Il n'est pas question, bien entendu, dans ce premier enseignement tout intuitif, de conjugaisons, pas plus que de règles et d'exceptions.

Un fait se produisant sous les yeux de l'enfant ou étant rappelé par quelque circonstance, le maître énonce la phrase : Louis *saute*. — Jean a *fermé* la porte. — Jeudi X... a *trouvé* une balle, et l'élève répète. Repris dans des occasions analogues, ces mêmes mots sont vite retenus par l'élève.

Les verbes peuvent donner lieu à une série d'exercices variés : ordres donnés par le maître à l'enfant : *Marche! Assieds-toi! Donne-moi* la règle; dialogues entre le maître et l'élève : *As-tu dessiné* ce matin? *As-tu essuyé* la table? *Iras-tu te promener* demain? Comptes rendus d'actions faits par l'enfant : *J'ai écrit* au tableau. *J'ai caressé* le chien. Paul *a poussé* Louis. Demain *je dessinerai*. En ce moment *j'apprends* une leçon (1).

5° Puis, quand l'enseignement du langage quitte le champ de la perception pour aborder le monde invisible, c'est-à-dire les choses absentes, les actions morales et abstraites qu'on ne saurait représenter, alors on explique les choses et les mots inconnus au moyen des choses et des mots connus.

Telle est sommairement la marche suivie dans la première période de l'enseignement *logique* du langage aux jeunes sourds-muets et dont notre jeune D... a retiré le plus grand profit (2).

(1) Nous devons noter que notre jeune semi-idiot commit, au début, des inversions de langage du genre de celles qui sont particulières aux sourds-muets; par exemple : *viendra, papa, dimanche?* pour : *papa viendra-t-il dimanche? — Aller à Meaux, moi, à Pâques?* pour : *est-ce que j'irai à Meaux à Pâques?...* Ces inversions furent assez vite corrigées d'abord par suite de la nature même de notre enseignement, qui, se rapprochant de l'enseignement *maternel*, donne immédiatement à l'enfant qui a un sentiment à exprimer la forme syntaxique qui convient, et ensuite par l'aide que reçut notre jeune D... le jour où, commençant à jouir de l'audition indirecte, il lui fut donné non-seulement de recevoir la parole du maître, mais encore d'entendre celle de ses camarades de classe. Ce fut cet incessant et multiple exercice qui a contribué à lui rendre assez faciles l'acquisition et l'usage du langage.

(2) En ce qui concerne la théorie et la pratique de cet enseignement, nous renverrons le lecteur aux ouvrages de J.-J. VALADE-GABEL : *Méthode à la portée des instituteurs primaires pour enseigner aux sourds-muets la langue française sans l'intermédiaire des signes;* de l'abbé TARRA : *Esquisse historique et court exposé de la méthode suivie pour l'instruction des sourds-muets* (traduit en français par

*
* *

Après deux années d'éducation les *résultats* obtenus avec le jeune D... sont les suivants :

1° L'éducation a exercé un premier et heureux effet sur l'extérieur du jeune D... Cet enfant a pris des habitudes de propreté, son maintien s'est redressé. Les leçons spéciales de gymnastique auxquelles il a participé ont enlevé à cet enfant la crainte excessive qu'il avait pour tout exercice corporel ; il a acquis une certaine sûreté et quelque souplesse dans les mouvements.

2° Au point de vue de la *parole,* l'articulation est nette,

MM. Dubranle et Dupont); de M. Pautré : *Observations sur l'application de la méthode intuitive orale pure,* ainsi qu'au *Cours de langue française à l'usage des écoles de sourds-muets* de MM. André et Raymond, actuellement en cours de publication.

Nous croyons cependant intéressant de reproduire ici la façon saisissante avec laquelle les principes de cet enseignement ont été énoncés par l'abbé Tarra. « L'enseignement *logique* du langage, dit le célèbre instituteur italien, échappe aux subdivisions créées par les grammairiens, qui, faisant autant de parties du discours qu'il y a d'éléments ou de rapports, ont donné une importance égale aux choses principales et aux choses secondaires. Cet enseignement se simplifie et devient excessivement clair si on le divise conformément aux éléments *substantiels* dont se compose l'*idée,* et qui sont :

« 1° Le *nom,* avec ses accidents qui le complètent (*articles* ou *déterminatifs, adjectifs* ou *qualificatifs, genre, nombre,* etc.) et avec ceux qui le représentent (*pronoms*) ;

« 2° Le *verbe,* avec ses modifications (*temps, personnes, modes, adverbes,* etc.) et avec ses rapports (*prépositions*) ;

« 3° Les *particules conjonctives,* qui ont mission d'exprimer les rapports rationnels entre les idées ;

« 4° Les diverses *constructions synthétiques* qui correspondent au mode de concevoir les idées complexes et qui forment la langue. »

Ces diverses parties du langage veulent être étudiées chacune dans l'ordre des faits qui s'y rapportent et qui en donnent à l'élève la notion exacte ; la pratique lui en apprend chaque jour l'usage ; plus tard, quand on jugera le moment venu, on l'aidera à déduire de cet usage les règles mêmes qui le régissent, et qu'on appelle *règles de grammaire.* Ainsi simplifié, le cours de langue, si ardu et si complexe, devient accessible aux intelligences même les plus faibles, et son application devient moins difficile. Dans nos écoles de sourds-muets, on divise donc l'enseignement de la langue en quatre parties :

« 1° Enseignement de la *nomenclature* et des exercices pratiques qui s'y rattachent au moyen de jugements gradués sur les choses et leurs qualités et sur des actions qu'elles permettent d'exécuter ;

« 2° Du *verbe* et de ses modifications, servant à exprimer des jugements simples, complexes et composés ;

« 3° Des *conjonctions* ou particules rationnelles désignant les rapports intimes entre les idées et les faits ;

« 4° Des diverses *constructions synthétiques* de la phrase et du rôle de la période dans le discours. »

correcte; la prononciation, quoique un peu lente, est aisée à comprendre et même agréable à entendre.

3° *L'intelligence* a pris un certain essor, notamment en ce qui concerne les facultés d'observation et de mémoire. La réflexion s'est également exercée dans une certaine mesure, et, sans concevoir de trop grandes espérances, on ne saurait néanmoins dire jusqu'à quelles limites l'esprit du jeune D... pourra être développé.

4° En ce qui concerne l'instruction, D... s'exprime aujourd'hui sur ses sentiments, ses besoins et les faits de la vie courante, oralement ou par écrit, en un langage assez correct; il a appris — avec beaucoup de temps et de peine — à calligraphier passablement. Il commence à lire dans les livres élémentaires. Il possède maintenant les premières notions de calcul. En revanche, il n'a encore fait que des progrès insignifiants dans le dessin.

5° A noter encore qu'au début l'*ouïe*, mal exercée et mal servie par l'intelligence, se bornait à enregistrer surtout les paroles simples adressées *directement*. *L'audition indirecte* n'existait pas pour ainsi dire.

A présent D... entend et comprend quand on lui parle directement à une assez grande distance; il commence à entendre et à comprendre de même les paroles échangées par des personnes placées près de lui.

CONCLUSIONS

I. — Malgré les progrès accomplis par D..., cet enfant doit, à notre avis, continuer à être soumis à une méthode d'enseignement particulière et à recevoir les soins d'un éducateur spécial : 1° parce que sa faculté *auditive*, d'une éducation trop récente, ne s'exerce pas encore d'une manière réellement normale; 2° parce qu'il ne possède encore qu'une instruction insuffisante et qui ne pourra être complétée que par les procédés en usage dans l'éducation des enfants anormaux.

II. — Le rétablissement de la parole et l'amélioration intellectuelle obtenus chez D... démontrent d'une façon évidente l'efficacité, *dans l'éducation des semi-idiots, des procédés de démutisation et de la méthode d'instruction essentiellement intuitive* employés à l'Institution nationale des sourds-muets de Paris.

III. — L'exemple du jeune D... nous paraît justifier, dans certains cas, l'admission d'enfants semi-idiots ou arriérés *privés de la parole* dans les institutions de sourds-muets où la *méthode orale* est en vigueur.

IV. — Cet exemple montre surtout l'opportunité de la mesure prise dans ces dernières années par M. le Directeur de l'Assistance publique du département de la Seine, relativement à l'*assistance* aux Cours normaux, ainsi qu'aux classes pratiques de l'Institution nationale des sourds-muets de Paris, des instituteurs et des institutrices des écoles d'idiots et d'arriérés de Bicêtre et de la Salpêtrière (1).

---

(1) On pourra remarquer que nous n'avons fait nulle mention dans la présente étude d'ouvrages consacrés spécialement aux enfants idiots ou arriérés.

C'est que notre but a été surtout de rechercher les résultats que pourraient donner, avec un jeune semi-idiot privé de la parole, les méthodes de démutisation et d'enseignement du langage employées dans l'instruction orale des sourds-muets. Nous n'ignorions cependant pas l'existence des écrits dus à Itard, à Séguin et plus récemment à M. le D⁽ʳ⁾ Bourneville, qui se consacre avec tant de zèle aux questions d'assistance et d'éducation relatives aux enfants idiots ou arriérés. (A. B.)

TYPOGRAPHIE DE L'INSTITUTION NATIONALE, DIRIGÉE PAR E. PLON, NOURRIT ET C⁽ⁱᵉ⁾.

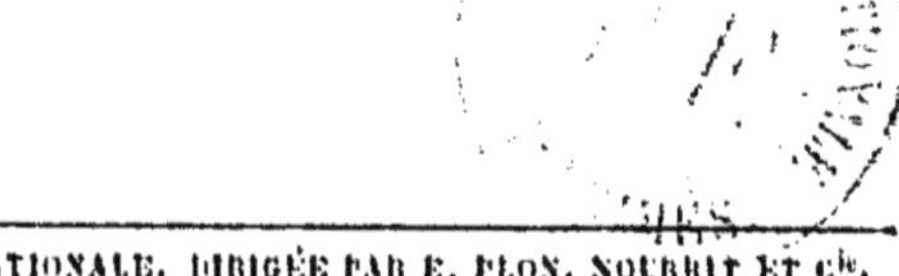

PARIS

TYPOGRAPHIE DE E. PLON, NOURRIT ET Cⁱᵉ

Rue Garancière, 8.